모두가 꽃입니다

모두가 꽃입니다

초 판 | 2024년 5월 30일

지은이 | 이민현

표지 내지 디자인 | 박선영

펴낸이 | 김상욱

만든이 | 이상호

만든곳 | 프란치스코출판사(제2-4072호)

주 소 | 서울 중구 정동길 9

전 화 | 02-6325-5600

팩 스 | 02-6325-5100

이메일 | franciscanpress@hanmail.net

블로그 | https://blog.naver.com/franciscanpress

인 쇄 | 유진보라

ISBN 979-11-93541-04-3 03800
10,000원

유고 시집

모두가 꽃입니다

차례

시집을 펴내며 •8
이민현 첼리나를 기리며 •11

행복, 사랑과 감사

우리를 힘들게 하는것 •18
행복을 볶다 •20
2020년을 보내며 •21
첼리 마음 •22
감사합니다 •24
성탄절의 선물 •26
사명 •28
첫사랑 •29
참 봉사 •32
불행을 이기려 하지 말고 •33

꽃, 나무 그리고 피조물

사프란의 활짝 핀 꽃을 보며 •36

나무 •37

겨울 그러나 봄 •38

돌아가는 길 •40

겨울나무 •42

양귀비꽃 •44

단풍 •45 / 노을 3 •46

비 •48 / 비 2 •49

낙엽 •50

지금 여기에 가을이 •52

겨울 바다 •53

야구 예찬 •54

모두가 꽃입니다 •56

달달 보름달 •57

비 3 •58

가을비 •59

아침이면 •60

고통, 삶과 죽음

아픔 사탕 행복 사탕 · 64

완덕의 거울 · 65

오묘한 신비 · 66

몸통 속 신비를 보다 1 · 67

몸통 속 신비를 보다 2 · 68

고통도 영원하지 않다 · 70

문득 5 · 71

죽음 · 72

죽음 2 · 73

시한부 삶 · 74

외딴곳 · 78

오늘만 살자 · 80

죽음, 그리고 다시 삶 · 81

은총, 찬미와 기도

시든 꽃에서 삶의 향이 난다 1 ·84

하느님께 모든 것을 맡기는 기도 ·86

그러면 뭐 어때 ·88

발자국마다 은총 ·90

불쌍한 영혼 ·91

주님 당신 때문에 ·92 / 화살기도 ·94

성탄절 약속 ·95 / 자존감과 위선 ·96

하루 기도 ·98 / 어버이날 ·99

무엇이든지 주님이 시키는 대로 하여라 ·100

진심 미사 ·103

들을 수 있는 마음을 주소서 ·104

예수님 당신 마음 ·106

주님, 저는 아니겠지요 ·108

신비 ·109 / 기도 ·110 / 회개 ·111

십자가 의미 ·112 / 나의 예수님 ·114

남긴 글1_ 다시, 삶 ·116

감사의 글 ·120

시집을 펴내며

열심히 살고, 즐겁게 나누고
미련 없이 사랑하고, 행복하게 가다

사랑하는 아내 이민현 첼리나가 유언 같은 묘비명을 남기고 2023년 5월 30일 오전 4시 01분 우리 곁을 떠났다. 첼리나는 큰 고통 없이 평화롭게 주님의 부르심을 받았다. 주님께서 지켜주시고, 형제자매들의 선종을 위한 기도 덕분으로 생각한다. 첼리나는 50여 년의 지상 생활을 마감하고 죽음을 넘어 영원한 생명으로 건너갔다고 믿는다.

   첼리나 선종 1주기를 앞두고 유고 시집 출판은 이렇게 시작되었다. 첼리나와 시담詩談을 나누었던 신부님, 수사님, 수녀님과 형제자매들이 좋은 시가 많으니 시집을 내는게 어떻느냐는 의견을 주었다. 첼리나와 주고받은 시를 모아 보내온 분도 있었다. 나는 첼리나가 주로 사용하였던 PC, 휴대폰, 노트북 등에 남겨 놓은 시를 하나하나 찾고 모았다. 140여 편의 원고가 완성되었다. 프란치스코출판사 대표이신 이상호 세라피노 신부님과 직전 대표님 조수만 루도비코 신부님도 뜻을 함께해서 시집이 세상에 나오게 되었다.

유고 시집은 내용에 따라 4개 카테고리로 나누었다. ① 행복, 사랑과 감사 ② 꽃, 나무 그리고 피조물 ③ 고통, 삶과 죽음 ④ 은총, 찬미와 기도로 구성되어 있다. 이 시집은 한 그리스도인, 한 프란치스칸의 하느님을 향한 신앙고백이며 주님께 바치는 기도이다.
우리 사부 아씨시 성 프란치스코의 제자인 첼리나는 암 투병의 고통 속에서도 주님께 모든 것을 내맡기고 즐겁게 행복하게 살며, 형제자매와 자연을 비롯한 모든 피조물을 사랑했다.

성 프란치스코는 예수님의 거룩한 상흔 '오상'을 받은 후 누구나 두려워하는 죽음을 자매로 맞이하며 '죽음의 찬가'를 노래하셨다. 올해는 성 프란치스코가 오상을 받은 지 800주년을 기념하는 해이기도 하다.

내 주여! 목숨 있는 어느 사람도 벗어나지 못하는 육체의 우리 죽음, 그 누나의 찬미받으소서.
죽을 죄 짓고 죽는 저들에게 앙화인지고, 복되다, 당신의 더없이 거룩한 뜻 쫓아 죽는 자들이여! 두 번째 죽음이 저들을 해치지 못하리로소이다(태양의 노래 12-13).

"우츠라는 땅에 한 사람이 있었는데 그의 이름은 욥이었다."(욥 1,1)라고 시작하는 구약성경 욥기의 욥처럼 첼리나도 하느님이 왜 이런 고통을 주시는지 내게 질문하였다. 본인도 설명할 수 없는 고통에 대해 하느님께 묻고 또 물었다. 그러나 인간의 고통, 의인의 고통을 우리 인간이 이해할 수 있는 것이 아니다. 이것이 인간 지혜의 한계이다. 인간 지혜의 한계 너머에 심연의 나락이 있는 것이 아니라 그 어둠 속에 하느님께서 계심을 받아들였던 욥의 믿음처럼 첼리나도 투병의 고통을 받아들이고 하느님께 찬미와 감사를 드렸다. 고통도 은총이라는 역설의 말씀이 이해되었던 것이다.

이 시집을 이민현 첼리나 영전에 바칩니다.

이민현 첼리나를 기리며

바라는 것 없이 내어주는 나무처럼

오수록
프란치스코 수사

여기, 한 사람이 살다 갔네
그의 이름은 이민현
세례명은 첼리나
아호는 소슬素瑟
'줄 없는 거문고'라는 뜻이지

그의 스승은
아씨시의 가난뱅이 성 프란치스코
그분은 줄 없는 바이올린 연주자

흥이 나면 나무막대기로
소리 없는 소리를 연주하셨다지

스승을 꼭 닮은 그의 제자
첼리나는 50평생의 삶에서
10년을 암과 투병하며 살았다네

가톨릭교회에서 세례를 받은 그는
'우리농' 살리기 활동가로 살았다네
"하느님은 농부이시다"고 여기며
주말농장에 온갖 채소를 심어
이웃들과 나누며 살았다네
가난하고 소외된 사람들에 대한
연민의 정도 많아
쪽방촌에서 스스로 봉사했으며
'한사랑 가족 공동체' 두부를 팔아
가난한 이웃들에게 힘을 보탰다네
그는 피조물을 사랑한 스승을 닮아
꽃과 나무와 새들을 좋아했으며

강아지 고양이 반려동물도
애정으로 돌보았다네

병 때문에 다니던 좋은 직장도 그만두고
수술 후에도 암을 친구처럼 여기며 산 그는
재속프란치스코회에서 종신서약을 한 후에는
더욱더 낮고 겸손한 삶을 보여주었다네
사무실에서 커피 타고, 청소하고
온갖 궂은 일을 도맡아 하면서도 결코
미소를 잃지 않았던
즐거운 사람

절두산 성지를 찾아 전례 봉사를 하고
글노 잘 다뤄 출판물 교정도 봐주고
여기저기 소식지도 만들어 주고
틈틈이 성경 공부를 하고
책을 읽고 글을 쓰고
그림을 그리며 살았다네
그는 언제 어디서나

프란치스칸답게 생활했으며
세상 일보다 하느님 일을 먼저 생각했다네

그의 표정은 밝고 맑았으며
행동은 씩씩했다네
그래서 나는 몰랐지
그가 아픈 사람이라는 것을
그가 죽을 만큼 힘들었다는 사실을

그는 떠나고
나는 깨닫네

온 몸을 불태운 그의 삶이
그의 노래가 온 산하를
울리고 돌아와
사람들의 가슴마다
메아리치고 있음을

†

주님,

이민현 첼리나에게

영원한 안식을 주소서.

영원한 빛을

그에게 비추어 주소서.

행복,
사랑과 감사

우리를 힘들게 하는 것

삶의 자리에서 우리를 힘들게 하고
기쁨과 평화라는 행복 안에
머물지 못하게 하는 것이 있는데,
저는 그것이
'서로가 서로를 용서하지 못하는 것'이라고 생각합니다.

내가 너를 용서하는 일은
결코 쉬운 일이 아닙니다.
하지만 반드시 해야 할 일이 용서입니다.
용서는 너를 위한 일이 아니고,
'나를 위한 일'이기 때문입니다.
"(내가 너를 용서해야)
하늘에 계신 너희 아버지께서도
너희의 잘못을 용서해 주신다"고
예수님께서 말씀하셨습니다.

'나의 기도'가

입으로만 바치는 '공염불 기도'가 되지 않고

'용서로 열매를 맺는 기도'가 되었으면 좋겠습니다.

행복을 볶다

친우가 나눠준 우도 땅콩
고만고만 참 땅콩만 하다
불에 나무주걱으로 젓다
볶는 시간이 길어지자
고소한 내가 난다

한 알을 톡 깨문다
말캉한 열이 오른다
아직 멀었나 보다
슬슬 불을 줄이고 휘젓다
그새 껍질이 탄다
한숨 불고 식힌다
한 알을 입에 문다
톡 음 흡 번쩍 한 움큼
오감이 행복한 오후 한나절

2020년을 보내며

심란했던 2020년이 지나갑니다.
미처 전하지 못한 말들이
마스크 속에 가득 남았습니다.

사랑합니다.
올해 마지막 고백이지만
내년에는 자주 할게요.

감사합니다.
기억하고 곁을 내어주셔시
정말 고맙습니다.

건강하세요.
코로나 잘 이겨내어
좋은 일이 더 많은 2021년
마스크 벗고 만나길 기도합니다.

첼리 마음

밥이 되자 해도
불쑥 "나만 왜?" 라는 고통 앞에
무너지기를 반복한다.

오히려 자기가 괴로웠노라
밝히는 것을 보고
미움도 일었다.

나를 사랑하지 않는 이를
사랑한다는 것은
참으로 힘든
고행이었다.

처음 겪는 인간사
그동안 꽃길만 걸어와
이겨내기 벅찼지만

돌이켜보니
그 친구로 인해
어떻게 살아야 될지
길이 보인 한 해였다.

나의 생각과 말과 행동이
주 예수님을 드러내는 일이구나
참 고마운 이구나
늘 깨어있게 해줬으니.

감사합니다

때때로 아프게 해 주셔서
감사합니다.
교만으로 눈 멀지 않게
이웃 아픔 보듬습니다.

때때로 지치게 해 주셔서
감사합니다.
세상 일 세상 마음 멈추고
생각도 행동도 여유 찾습니다.

때때로 미워하게 해 주셔서
감사합니다.
미움 원인 내 안에 있기에
받은 사랑 잊지 않고 또 사랑합니다.

때때로 잊어버리게 해 주셔서
감사합니다.
미워하는 이도 상처받고
괴로운 일도 언제나 새날처럼 다시 시작합니다.

때때로 잃어버리게 해 주셔서
감사합니다.
내것 아닌 네것이니
마음 갇힘 없이 풍족합니다.

때때로 한계치 주셔서
감사합니다.
몸의 나약함, 능력의 부족함
매일 깨달아 비틀거리지 않고
곧게 바로 살아갑니다.

성탄절의 선물

주님 오신 이날
넘치는 선물로 삶을 풍성케 하시니
감사드리나이다.

말로 상처를 주셔서
감사하나이다.
간사한 혀놀림을 멈추고
초라함을 함께 살피게 하소서.

불평으로 가슴 저미게 해 주셔서
감사하나이다.
찌푸린 이마를 펴주시고
아픔을 서로 위로하게 하소서.

시기질투로 아프게 해 주셔셔
감사하나이다.

굳어진 얼굴을 웃게 하시고
슬픔을 나누어 닦아주게 하소서.

거짓 행동으로 쓰라리게 해 주셔서
감사하나이다.
불편한 속내를 씻어내주시고
허망함을 같이 울게 하소서.

선물아닌 듯 선물인 고통의 선물
성한데 없이 못난 이내 마음들
낮고 초라한 예수님 구유에 내려놓나이다.

주님,
기쁨의 완전한 순종으로
겸허로이 하루하루 살게 하소서

사명

내가 너를 사랑한다.
내 사랑을 살아다오
넘어져도 걱정마
넘어져도 다시 일으킬게

아프면 기대도 좋아
항상 열려 있어
힘들면 울어도 괜찮아
나도 같이 울어줄게

너 안에 내가 있고
내 안에 너가 있다
내 사랑을 살아다오
내가 너를 사랑한다.

첫사랑

첫사랑은
쉬이 식는가.

코너 돌다 차 귀퉁이 긁었다
큰 자국은 아니다.
주차하다 차 뒤퉁이 찍혔다
흔적조차 안보인다.
누군가 문콕으로 차문 받았다
손톱만 한 상처다.
7살 내차 여기저기 상흔이 수두룩
셀 수조차 없다.

첫 상처엔 쓰리고 아팠다
빨리 고쳐야지 했다
순결하고 깨끗함 아끼고

지키고 싶어서
그 마음 그리 오래 가지 못했다.
두 번째 세 번째 쿵!
아이쿠 끝!
치이고 깎이고 할퀴어도
마음은 무디어졌다.

하얀 첫사랑 받은 지 10여 년
나를 위한 그 사랑 옅어져간다.
어찌 이리 가볍고
쉬이 식는단 말인가
눈 감고 지나쳤던 검은 얼룩들
엉키고 설켜 이미 퇴색된 첫 마음.

헌차에 고침의 용기가 필요하듯
검은 마음에도 씻김이 필요하다.
더 지나면 되돌릴 기회 놓칠지 모른다
이제 마음의 온전함 첫 사랑을 회복하자.

오늘 첫사랑 다시 떠올라
아린 가슴 부여잡고 눈물 맺힌다.
더 쌓이고 무디어지기 전에
그 사랑으로 다시

참 봉사

남이 알아주기 바라서
보여주기 위해서
시켜서 억지로 하는 거라면
참 봉사가 아니다.

참 봉사는 몸이 고단해도
마음이 기쁘다.
지적질에도 웃을 수 있고
보상이 없어도
숨은 보물에 든든하다.

참 봉사는 주님이 주신 날들을
주님께 오롯이 다시 돌려 드리는
감사의 예쁜 기도다.

불행을 이기려 하지 말고

불행을 이기려 하지 말고
그냥 받아들여요.

선택 아닌 필수라면
반대로 어쩔 수 없이
행복해지는 날도 올테니까.

불행을 극복하는 노하우같은 건 존재할 리가 없다.

종종 불행해지듯
종종 행복해지리라.

꽃, 나무
그리고 피조물

사프란의 활짝 핀 꽃을 보며

사프란의 활짝 핀 꽃을 보며
회개의 기쁨을 되새깁니다.
시든 이파리를 몇 년째 두고 보다가
얼마전 용감하게 싹둑 잘랐는데
저리 예쁜 꽃을 피웠네요.

아~~~
묵힌 죄를 주님 안에서 싹둑 잘라내면
저리 예쁘고 기쁘고 행복하겠구나
회개의 기쁨을 묵상하는 오늘입니다.

나무

나무는 항상 이 자리에서 나만 볼텐데
내가 슬픈 얼굴만 하고 있으면
얼마나 마음 아프겠어

혼자
둘이 있으면 혼자가 아니야
둘은 서로 돕는 거야

겨울 그러나 봄

멍들고 찢겨 웅크렸던
야윈 아침이
셀렘 가득 살이 오른다.

찬기 가득 바람
구석구석 흩어내며
살과 피 나눈 자식들
가지 끝마다 손 흔드네.

손바닥 햇살 열어
따사로운 금빛 끌어와
두 손바닥 넘치도록
행복이 반짝인다.

겨울의 봄맞이

천천히 꼼꼼하게

빛나지만 욕심 없이

기쁨을 터트린다.

혼자서 다 같이 봄.봄.봄.

돌아가는 길

어느 겨울 아침
아기 예수님이 오신 날
황망히 가던 길 불쑥 멈춥니다.

고통과 좌절이 사지를 휘감아
마비된 듯 섰을 때
피멍 도드라진 십자가가 손을 이끕니다.

무시와 업신여김이 심장을 조각낼 때
얼룩진 베로니카 손수건이
피눈물을 닦아줍니다.

불의와 무자비가 온몸을
갉아내 주저 앉힐 때
말씀의 약속이 새 빛을 돋게 합니다.

익숙했던 어둠 길 멈추고
빛따라 발길 돌아가던 그날 아침
아기 예수님이 긴 겨울을 밟고 서서
여린 봄을 내밉니다.

겨울나무

바람에 흔들리며
욕심 내려놓는
겨울나무를 본다.

빛났던 청춘,
화려했던 삶,
불태웠던 열정,
마지막 남은 잎새
그 마저 밀어낸다.

앙상한 가지 찬바람 맞고 섰다
훌훌 발가벗고 돌아보니
내것 하나 없네
파란 이파리도, 머물던 햇볕도,
찾아오던 참새도, 미소짓던 열매도 모두 당신 것

버려야 채워지는 당신 사랑

작아져야 커지는 하늘나라 신비

언제나 겨울 길 여정

마셔도 마셔도 허기지는 욕구

속죄의 한기 들이키며

봄꽃 기다린다.

양귀비꽃

앗, 성 프란치스코 닮았네
가슴 가득 십자가
꼭 안은 그대

그리 예쁜 걸
미처 몰랐네 그대
하느님 작품

이제 알았네
나도 하느님 작품
이리 예쁜지

단풍

청춘인줄 알았는데
문득 감은 눈 떠보니
하늘 목마른 흙 한 줌

치열했던 사계
비와 바람, 햇살 쏟아
미련 없이 태워 버린다.

혼신 다해 혼심 다해

노을 3

끝인줄 아셨지요?
마지막이라 느끼셨죠?

희미해진 추억 어둠 갇혀
영영 못볼거라 여기셨죠?

끝이 아니에요
마지막은 더 아니구요

굴곡진 삶 깨진 채
오늘 가지만
새 세상 기쁨
온전히 퍼담아

내일 다시 올게요

우리 새빛으로 또 만나요

비

나뭇잎 타고 흘러와
메마른 가슴 가득
물방울 맺힙니다.

구정물 덮여 가련한
찢어진 누더기 마음
세찬 비 할큅니다.

눈 감아 보세요
바람 막고 구름 똥 누는 푸른 비
지친 그대 마음
파랗게 파랗게 어루만집니다.

비 2
— 내 좋아하는 비에게 우산을 바치며

하늘 한 점 점을 찍고
마음으로 이어 그어
너의 눈물 걷어주는
항구한 우산이 될게

낙엽

바람이 분다.
한 시절 살다 미련 없이
내려놓는 이파리들
내 마음은 가을을 담는다.
노랗고 빨간 고운 비단 입을지
얼어맞아 누렇게 말라 버릴지
치열하게 갈기갈기 찢을지
나도 모르고 바람도 모른다네
떨어지기 전에는

지금 푸르름 살아가지만
언젠가 떨어질 때는
오롯이 내 삶 닮아있겠지
아프고 슬프고 화났던

멍자국에

위로의 옷 입고

지금 여기에 가을이

오색 단풍 저리 예쁜지
말간 하늘 참 반갑네요.

파란 바람 이리 시원하고
잡은 그니 손 참 따뜻합니다.

숨어 계시는 우리 주님
눈에 쑥쑥 밟히는 아침입니다.

겨울 바다

내가 버린 아픔
네가 묻은 슬픔
삭인 우리 고통
고이 고이 품어

사랑 앓는 겨울 바다

속깊은 그 마음
언제나 그렇듯
티내지 않고서
참평화 약속한다

야구 예찬

야구가 좋다
안타도 홈런도 날리고 싶다
하지만 파울을 쳐도 괜찮다
아직도 살아있으니까
숨 쉬고 다음을 준비하며
잘못을 바로잡고
실수 만회할 기회이니 말이다

야구가 참 좋다
끝없이 주어지는 파울 때문이다
잘 하려 욕심내면 파울조차 아웃되지만
지난 과오 씻고 내려놓으면
또 다시 새 타석에 오른다

9회말 2아웃이라도 좋다
주어진 인생 끝까지 마무리한다

질 수 있어도 괜찮다
삶이란 파울의 연속이니까
파울은 실패가 아니다
시작하는 출발선이다.

모두가 꽃입니다

사월 봄꽃들이
명징한 얼굴을 내밉니다.

누가 먼저 가 있을까요
어느 자리가 나을까요
오래 더 머물고 싶을까요

너가 먼저여도 반갑고
숨은 자리여도 귀하며
오늘이 마지막이여도 행복합니다.

너도 꽃이고
나도 꽃이며
모두가 꽃이기 때문입니다.

달달 보름달

텅비고 빼앗긴 듯
깎이고 꺾인 내 마음
채움 온데간데 없이
손톱달 허허롭네

비우고 채우는 이기적 셈법
비우니 어느새 채워지고
가득하니 또 나눠 주네

한결한 그 신비
기쁨 충만 감사 풍년
결핍 채운 보름달 사랑
별하늘 꽃무리지네

비 3

어둠을 깨고 내린
새벽비가
말갛게 아침을 씻기고

허물 몰아 내린
참회 속에
거룩한 마음을 낳는다

싱그런 새 아침
오늘이여
날마다 축복 비 맞는다

가을비

비요일 아침
최헌의 가을비 우산속으로 낭만 비가 내린다.
어제까지 화려했던 나뭇잎
이제 쉴 시간이라며
미련 없이 몸을 내린다
비를 타고 내리는
쉼쉼쉼… 표!
참 좋은 비요일 아침

아침이면

창문을 열어요
햇살이 바람이
허락 없이 들어오네요

하늘을 보아요
구름이 새소리가
무턱대고 들어오네요

내것은 아무것도 없네요
주어진 세월에 그저 받았다가
감사히 돌려주지요

그러니 머물다 가는 것
잡지 마세요
오는 대로 웃으며 껴안고

인사 없이 가더라도
손 흔들어 주세요

아침이면 나는 나예요
아무것도 아닌 그저 나예요

고통,
삶과 죽음

아픔 사탕 행복 사탕

새벽에 뜬 눈이 아침을 기다린다
이로 시작한 통증이 귀를 타고
머리 꼭대기로 이사를 간단다
참 부지런한 녀석이다
아침부터 사탕하나를 물리더니
쓴맛을 올린다
마른 하늘에 번개를 내리고
기어이 천둥을 친다
이 녀석 골리고 싶다
이리 돌리고 저리 돌리고
어느덧 아픔 사탕은 작아지고
기어이 행복 사탕을 새로 깐다

완덕의 거울

복사물로 봤던 '완덕의 거울'을
새로 출간된 새 책으로 읽어
기분이 좋았다.

성 프란치스코의 삶을
나의 거울로 삼고,
완덕을 향해 나아가야겠다고
다짐하는 시간이 되었다.

특히 죽음을 마주하는
우리 사부 성 프란치스코의 자세를 보고
주님 안에서 기뻐하며
지낼 수 있기를 기도한다.

오묘한 신비

몸이 아우성이다.
아마 아프다는 거겠지
처음 시작은 입이었다.
퉁퉁 부은 입술은 곧 물집이 잡혔다
보기 흉한 건 둘째 치고
먹을 수가 없다.

혀와 잇몸까지 말썽이다.
헐은 혀가 밥알을 굴려주지 않으니
씹어 삼킬 수가 없다.
어느새 14키로…

아프면서 깨달은
오묘한 신체의 신비 하나
혀가 말만 하는 줄 알았는데
숨은 능력이 신통방통이다.

몸통 속 신비를 보다 1

통증으로 공감하는
깨알같은 하느님 사랑

하나하나 귀하고
없으면 힘든 신비들

숨은 하느님 사랑
오늘은 입에서 찾았다

아랫니..윗니..혀..잇몸..입술..웃음까지
그 고운 쓰임새 허투루 넘기지 않기
오늘 찾은 신비 한 움큼

몸통 속 신비를 보다 2
— 손톱

괜찮냐 10년 듣다보니
아픈가 아마 아플걸
자문자답

아픈가 안아픈가
어느 셈 더 쉬울까
셈 하다보니 웬걸
안아프네

쭉쭉 갈라진 얇은 손톱,
묶인 매듭 어찌하누
참치캔은 못 먹겠지
바늘을 잡아야 실을 걸지
긁은 피부는 붉은 낙서장

매일 걱정 이제 그만

덧난 손톱 대신

언젠가 자랄걸

기다리는 예쁜 분홍 손톱

고통도 영원하지 않다

세상에 영원한 것은 없습니다.
영원한 것은 하느님뿐입니다.
그러니 몸과 마음의 고통도 영원하지 않습니다.
끝이 옵니다.
그때까지 그저 참고 견딥니다.

오늘 이 하루를 보고
느낌에 감사드립니다.

문득 5

고통은 쓸모없는 게 아니에요
몸이 아픈 걸 고통으로 알 수 있잖아요
고통이 없다면 어디가 잘못된 건지 몰라서
허망하게 죽을 수도 있어요

때로 고통은 살아있다는 증거이기도 하고
누군가를 사랑하고 있다는 증거이기도 해요
사랑하기 때문에 기쁠 때보다도
사랑하기 때문에 아플 때가 더 많아요

그렇지만 세상엔 감수해야 하는
아픔도 있는 것 아닐까요?

죽음

현재 나에게 필요한 것으로
돌보아주시다가
아파서 더 이상 힘들 때
이제 사랑하는 나, 하느님과 함께
하자하고 데려가시는 게 죽음이다.
하느님께서 행복해하는 나를 보며 흐뭇해하시다가
너무 아파 보이면 데려가시는 것이다.

죽음 2

죽음은 늙어서 갚아야 할 오랜 빚과도 같다.
슬퍼하지마.
나는 쉬고 있을 뿐이야

시한부 삶

시한부 삶이거든요
그래서인지 하루하루가
소중해요.
오늘 이 순간에 최선을

그동안 했던 모든 바보짓이
나를 더 나아지게 할테니까
내일은 오늘보다 조금은 나은
첼리가 되어 있을 거잖아요.

시키는 일은 순명합니다.
내가 잘해서가 아니라
주님께서 쓰시겠다는 거거던요.

여기에 내 질문에 대한 정답이 있다면

그건 없다는 것이다.
그저 나는 질문을 한 것에 지나지 않아.
프란치스코 영성에 따라 살아가는
우리는 각자가 정답이다.

내 마음대로 하면
사람의 일일 뿐이고
순명으로 하면
모든 일이 주님의 일이 된다.

그저 알면서도 제가 듣고 싶은 말만
쏙쏙 골라서 기억한다.
주님의 말씀도
우리는 골라서 듣고 있지는 않나

그림을 그리는 것은
종이 밑에 숨겨진 그림을
세상 밖으로 꺼내주는 일.

너의 존재를 증명하는,
너만의 이름

우리는 종종 지나친 걱정과
불안 속에서 살아간다.
아직 오지 않은 내일에 대한 것과
특히 죽음에 대한 걱정과 불안 속에 살아간다.

걱정과 불안 속에서 살아가는
우리에게

"내 말 안에 머물러라.
그러면 진리를 깨달을 것이고
그 진리가 우리를 자유롭게 할 것"이라고
예수님께서 말씀하신다.

외딴곳

세상에 치여 나를 볼 수 없을 때
그를 만나러 갑니다.

숨 막혀 가슴이 아프고
말할 기운조차 버거운데
그는 나를 불러내
품을 내어 줍니다.

소리내 울어도 괜찮다며
모든 것 놓아 보라고
어깨를 두드립니다.

퍼붓듯 쏟아냈습니다
울어낸 상처에 새살이 돋습니다
죽은 그곳에 삶이 맺힙니다.

누구도 그 무엇도 없는

외딴 그 곳에 그가 있습니다.

내 사랑 그에게로

지금 만나러 갑니다.

오늘만 살자

오늘만 살자
내일은 없을지 몰라
하고 싶은 일 있다면
오늘 꼭 하자

오늘만 살자
헝크러진 어제
보속하고 싶다면
오늘 꼭 하자

오늘인 어제도
오늘인 내일도
언제나 오늘이다
오늘만 살자

죽음, 그리고 다시 삶

몸과 마음에 새겨진 상처가 너덜너덜
세어보니 열 손가락 턱도 없다.

아름다워도, 미워도
이 모든 상처는 생을 돌아보며
반성할 기억의 목록

깊이 숨어 사라진 줄 알았는데
나만 몰랐지
몸과 마음은 이미 알고 있었다네.

은총,
찬미와 기도

시든 꽃에서 삶의 향이 난다 1

발코니 정원에 낙엽이 진다
붉은 여름 찬란히 빛났던 꽃은
비틀리고 찢어진 누런 잎 떨구며
또 만나자 손짓하네

오늘 태양을 품었고
아침 맛을 보았으며
커피 향을 만지며
들리는 소음이 심심치 않다

누가 그러더라
시한부 3개월 감사히 여겼더니
병이 사라졌다고
한달 더 살까
10년 모아 살까

삶의 유통기한 아직 모르니

감사하게도 오늘이 소중하다

아, 천년만년 살 것 같은 지금 여기

하느님께 모든 것을 맡기는 기도

나의 하느님,
오늘 제게 무슨 일이 생길지
저는 모릅니다.

주님께서 영원으로부터
저의 더 큰 선을 위하여
미리 보고 마련하신 것 외에
다른 일은 일어나지 않으리라는 것을
알 뿐이오나
그것으로 넉넉합니다.

영원하시고 헤아릴 수 없는
주님의 계획을 받들고
주님께 대한 사랑으로
온 마음을 다해 이를 따르며

나의 구세주이신 예수님의

희생제물에 합쳐

저의 온 존재를 당신께 제물로 바칩니다.

예수님의 무한한 공로에 의지하여

그분의 이름으로 비오니

주님께서 원하시거나 허락하시는 모든 것을

주님의 영광과 저의 성화를 위하여

어려움 중에 참고 견디며,

온전히 순종하게 하소서.

아멘

그러면 뭐 어때

나이들어 못나지면
그러면 뭐 어때
머리털 빠지고 허릿살 붓고
키 쪼그라들면 좀 어때

하던 일 예전만 못해 놀림 당하면
그러면 뭐 어때
기억이 희미해지고
총기 바닥 뚫고
만점 안되면 좀 어때

예쁘고 똑똑했던 어느 날보다
못나고 덜 떨어졌다
행복 깎아 먹는 그런 날
좀 있으면 어때
그러면 뭐 어때

오늘이 지나간 어제보다
아직 오지 않은 내일보다
더 좋은 걸
우울하고 눈물 흘려도
다시 기쁘게 웃을 거라는 거
이미 아는 걸

주님 주신 것은 모두 좋은 걸
아파도 슬퍼도 짜증나도
기운 빠져 우울해도
이것저것 가려 뭐 해
함께 있겠다 주님 계신데
그렇고 그런 날 뭐 어때

발자국마다 은총

세상에는 하느님 이외에는 영원한 것이 없기에
고통 또한 영원하지 않으리라는 것을 추론할 수 있습니다.
고통은 견디는 것입니다.
끊임없이 기도하며 견디는 것입니다.
십자가의 고통은 극복되는 것이 아니라 견디는 것입니다.
예수님께서 죄 많은 인간을 구원하기 위해
고통을 견디어 냈듯이,
그렇게 견디어 내는 것입니다.
그러던 어느 날 문득,
태풍처럼 매서웠던 고통이
한바탕 지나가고 난 뒤에 돌아보니,
'발자국마다 은총이었구나!' 하고 말할 수 있는 것이지요.

불쌍한 영혼

하느님께서 이 불쌍한 영혼을 받아 주소서
사랑하는 가족과
말 한마디 못하고 떠난
이 영혼을 어루만져 주소서

남아 있는 이 가족들에게
사랑과 힘을 주시어
모든 것을 잘 참고
하느님께 의지하며
살아갈 수 있는 용기와 지혜를 주소서

주님 당신 때문에

예수님 당신 마음을
청합니다.
예수님 당신 사랑을
청합니다.

다가올 걱정과 두려움도,
넘치는 아픔과 힘듦도,
주님 당신께 놓아버립니다.

내 안에 머물러라
나도 너 안에 머무르겠다.
사랑한다 첼리나
염려 말고 내 안에 오너라
너는 내 사랑이다.

주님 당신 때문에

위로와 힘을 얻습니다.

화살기도

주님께 화살기도 드립니다

고통 속에 있을 때
실패했을 때
누군가 막 미워질 때
원망스러울 때
눈물 찔끔 서운할 때
외로울 때

그리고
평화로울 때
삶 속에 화살기도
입에 달아 봅니다.

'하느님 감사합니다'
'하느님 감사합니다'

성탄절 약속
— 2017.12.24. 구유 경배를 하며

신의 자리 내려와
힘없고 나약한 어린 아가로 오셨네

헐벗고 굶주린 이
외면하지 말라고
누추한 구유에 오셨네

빈손 나를 다독이며
너와 함께 하겠다
새끼 손가락 거시네

임마누엘 예수님,
감사합니다

자존감과 위선

자존감은 자신을 드러내어
자신의 가치를 높이려 하기 때문입니다.

높이려 한다는 말은
스스로 낮게 느낀다는 말이기도 합니다.
남에게 자신을 드러내 보이려는 것은
진실하지 못한 행위,
즉 위선입니다.

위선은 그러니까
열등감으로부터 시작됩니다.
자신에 대한 낮은 평가를 높이려고
자신을 증명하려 노력하는 것이
위선입니다.

바리사이들이 예수님을 알고 초대하는 것은
자신을 높이려는 의도에서였습니다.
그러나 예수님은
믿음을 주러 오신 분입니다.

하루 기도

미워하는 일도
질투하는 일도
인정받고 싶어
안달하는 일도

감히 지독하게
안하고 싶다.

나눠주는 일도
배려하는 일도
함께 웃고 싶어
참아내는 일도

감히 열렬하게
하고 싶다.

어버이날

영적 아버지이신 하느님 아버지와
그 외아들 우리 주 예수 그리스도와
사제들과 영적 부모님이신 대부 대모님
감사드립니다.

비록 자녀로서 부족함이 많지만
오늘의 나를 있게 해 주신 부모님,
하느님의 내리사랑을 간직하고 있는
부모님을 기억하고 감사드립시다!

이 기억과 감사는
일 년의 한번이 아니라,
늘 계속되어야 하고
그것이 복 받는 길이라고 성경은 전합니다.

무엇이든지 주님이 시키는 대로 하여라

삶이 무거워 기적이 일어나기
참 많이 원하는 나날입니다.

오늘 카나의 기적을 보니
간단 명료한 방법이 있었는데

무엇이든지
주님이 시키는 대로 하면 되는데 말입니다.

아마 주님이 시키시는 것이
제가 원하는 것이 아니었나 봅니다.

세상적인 내 방법이 더 옳다 착각하며
주님의 뜻을 시키는 대로 하지 못했음을 고백합니다.

성모님이 떠먹여주는 밥을 뱉어내고
서툰 세상 숟가락질을 애써 배우며
주님이 제 원을 들어주지 않는다고
원망한 삶이 아파옵니다.

시키는 대로 순종한
카나 혼인잔치의 종들은 기적을 봅니다.

저는 그동안 불신과 불만으로
그런 일은 못한다고 거부해왔습니다.

얕은 지식과 교만이 갈대 같은
제 믿음을 흔들면 쓰러지기 부지기수였습니다.

저의 모든 일의 때와 뜻을 내려놓고

묻지도 따지지도 않고

주님의 때와 뜻에 맡기는

2019년을 시작해 보려합니다.

진심 미사
— 2018.06.02. 성체 성혈 대축일

주님 살과 피 나를 살리시네
얘야, 내 품에 내려놓으렴 세상 것
죄로 기울던 나, 주님 바로 세우시네

시든 꽃 다시 피어나는 내 영혼
주님 감사합니다
정말 정말 사랑합니다

진심이 통하는 성체 성혈 기적
그리워지네 내일도 다음 내일도
나를 살리는 주님 매일 만나고 싶네

들을 수 있는 마음을 주소서

듣기를 거부하는 닫힌 제 마음
저는 아니지요 아닐거예요.
아둔하고 교만했던 마음
주님께서 제게 하는 말씀
제대로 들을 수 없었네요.

미사는 나를 알고 다시 일깨우는 시간,
주님 당신만이 전부이시니
바람 같은 저의 인생에
주님, 자비를 청합니다.

가만히 제 마음을 듣고
세상의 아픔에 귀를 열어
주님이 들려주는 사랑을 열심히 살겠습니다.

요즘 저를 무기력하게 했던 유혹에
더 이상 무너지지 않게
강렬한 주님의 마음을 심어주소서.

예수님 당신 마음

예수님 당신 마음을 청합니다
예수님 당신 사랑을 청합니다

다가올 걱정과 두려움도,
넘치는 아픔과 힘듦도,
주님 당신께 놓아버립니다

당신 때문에 위로를,
당신 덕분에 힘을 얻습니다

"내 안에 머물러라
나도 너희 안에
머무르겠다"(요한 15,4)

오늘 미사중 신부님의 손으로
내려 오시는 예수님을 만났습니다

사랑한다 첼리나
염려말고 내 안에 오너라
너는 내 사랑이다

주님, 저는 아니겠지요
— 2018.03.28. 성삼일을 기다리며

저 뻔뻔함이라니 한심하다
나만 아니면 된다는 저 교만함
탐욕의 곳간을 채우려 하느님 대신
돈을 선택한 유다가 내 안에 앉아 있을까
순간 순간 두렵다.

주님, 저는 아니겠지요?
뭔가 잘못하거나 세상 것을 섬기며
거짓과 탐욕과 뻔뻔함으로
죽음의 곳간을 움켜진
가짜 내가 나를 뒤 흔든다.

주님, 저는 아니겠지요?
보잘것없고 연약한 제가
돈에 영혼을 찢기지 않도록
자비를 베풀어 주소서.

신비

밥 되신 주님
뱉고 싶고 피하고 싶던 쓴맛
달달한 단맛으로
오랜 편식 바꾸시네

눈물 깨무니 아픔 잦아들고
모멸 씹으니 미움 없어지며
상처 녹이니 분노 사라지는
의심 놓으니 사랑 넘치는
놀라운 성체 성혈 신비

밥 되신 주님 따라
밥이 되는 오늘
영원한 오늘 약속 받은
善의 신비

기도

숨겨운 지독한 탐욕의 씨앗들
바람 탄 햇볕에 꾸득꾸득 말려
십자가 아래에 미련 없이 묻다

터지고 벗겨져 제 모습 없어도
내것 아닌 듯 내 것 저 십자가 열매
성호 그으며 겸손되이 품는다

회개

화려한 말 속에 숨은
악취나는 위선과 탐욕

회칠한 무덤처럼
흠없고 티없다 자랑하며
겉과 속 다른 나날을

잘못에 뻔뻔한 내 몸과 영혼
사랑의 십자가 붙들고
미리 통곡합니다.

십자가 의미
— 2017.09.14. 십자가 현양 축일에

눈가에
거짓과 불의 맞서는 용기

입술에
질시와 미움 보듬는 사랑

귓가에
험담과 무관심 지우는 희생

깊은 마음에
욕망과 교만 파내는 가난

십자가 외 어디 있나요

눈과 귀와 입과 마음 모두

치유의 십자가 드러내며
그날까지 새깁니다

주님, 영원한 사랑

나의 예수님

나에게 오신 예수님은
누구이신가?

내 옆에 있는 모든 이가
예수님이구나

이민현 첼리나가 남긴 글 1

다시, 삶

눈이 닿는 나뭇잎에 바람이 앉았다.
가만히 손을 펴본다.
닿은 듯 닿지 않은 듯…….

손 안의 바람을 나는 멈추게 할 수도,
잠시 쉬었다 가라고 붙잡을 수도 없다.
나의 바람은 그렇게 혼돈 속 불안 계곡을 지나고,
드디어 들꽃이 가득 찬 평화의 들판에 이르렀다.

 두 번째로 찾아온 죽음 자매를 곁에 둔 요즘, 그녀를 오라며 잡을 수도, 가라고 떠밀 수도 없다. 반갑게 맞이한 것은 더더욱 아니다. 죽음은 누구에게나 찾아오고, 올 때는 예고도 없다지만 더디게 와도 좋을 텐데 뭘 벌써 왔냐고 핀잔을 주었다. 아직 할 일이 남아 있어 더 시간이 필요하다고 내 안의 욕심이 나를 유혹했다.
 "암이래." 처음에는 눈물을 왈칵 쏟았었다. "전이됐어."

여전히 죽어가고 있구나. 죽는게 무서웠다. 한 번이든 두 번이든 죽음 자매의 방문은 당황스럽다. 처음 찾아왔던 죽음 자매는 공포였고, 두려움이었다. 죽음 자매가 나에게 불안과 두려움을 주었다. 아니 주었다고 여겼다. 먼지로 돌아가면 이제 끝이라고 속삭이는 듯했다.

삶에 집착할수록 죽음은 더 두려웠다. 죽음 너머를 알 수 없으니 더 두려웠다. 하지만 두 번째 지금은 흔들리기는 했어도 오히려 담담하다. 받아들이고 있다. 몇 년 사이 어둠을 극복하는 마음의 근력이 나도 모르게 길러졌나 보다.

가만히 내 속을 들여다 본다. 나는 누구인가. 나의 하느님 안에 머문다. 외롭고 고독한 그 순간에 내가 할 수 있는 것은 기도뿐이었다. 나의 하느님이 내 속을 들여다본다. 너는 내 사랑이다. 하느님 안에 오롯이 나를 내버려두니 두려움을 느끼는 불안이 사ㄴ라들기 시작했다. 억지로 누르거나 피하는 것이 아니라 죽음이라는 불안을 마주했다. 죽음을 똑바로 보고, 불완전한 나를 있는 그대로 받아들이니 풍랑 치던 눈물범벅 마음이 잔잔해졌다.

죽음 자매가 곁에 있어도 두렵지 않다. 오히려 그녀가 곁에 있다는 것을 안 이후 삶은 달라지기 시작했다. 인생의 한계를 깨닫고, 나 자신을 돌아보며 죽음 이후를 준비하는 성찰의 기회가 되었다. 오늘의 소중함도 깨달았다.

죽는다는 사실을 알아챈 이후 나에게 내일도, 내년도 없고, 10년 후도 없다. 매일 아침 하루라는 선물을 받고, 주님께 삶을 의탁하며 후회 없는 삶을 위해 최선을 다하고 있다. 아마도 죽음이 삶에 대한 열정을 선물로 준 듯하다.

폭풍 치던 5월이 지난 후, 스치는 온갖 것들을 담아두지 않고 흘려보내고 있다. 가둠보다 내어줌으로, 움켜쥠보다 내려놓음으로 쉼을 찾았다. 짧은 내 삶의 곳곳에 다른 이들의 말과 행동에 낙담하는 나를 가두지 않으며, 가벼운 질책에 쉽게 좌절하는 나를 남겨두지 않고, 무시라는 괴물을 키우지도 않을 작정이다. 내 삶은 길거나 짧은 삶의 기간에 달려있지 않다. 나는 지금 두 번째 삶을 살고 있다. 나를 바라보던 따뜻한 하느님 안에서 다시 살아나고, 다시 나를 사랑하고, 다시 형제자매를 하느님의 시선으로 사랑할 것이다. 그것이 나에게 남겨진 영원한 삶의 희망이다. 사랑이다.

나는 있지만 나는 없다. 여기에 나는 없지만 거기에 나는 있다. 심리적 물리적 공간의 분리가 더 이상 나를 어지럽히지 못하고 있다. 곁에 있는 죽음 자매가 언제 내 손을 또 잡을지 모른다. 다만 걱정하기보다 내 삶의 자리에서 현재의 일에 집중하고 싶다. 이 삶이 다하는 그날까지 하느님 사랑 안에서 한탄하기보다는 감탄하며 살고 싶다. 지금 살아있음에 감사드리며, 다가올 죽음 앞에 의연하게 오늘 하루 후회 없이 행복해지고 싶다. 부족한 나를 위해 끼니마다 '기도밥'을 챙겨주셨던 모든 형제자매들에게 지면을 빌어 감사의 인사를 전한다.

산산조각이 나면
산산조각을 얻을 수 있지.
산산조각이 나면
산산조각을 살아갈 수 있지.

— 정호승의 <산산조각> 중 —

* 이 글은 <평화의 사도> 2020년 1,2월호에 게재되었음

감사의 글

먼저 유고 시집이 세상에 나올 수 있게 이끌어 주시고 천사들과 협력자들을 보내시어, 힘과 용기를 주신 주님께 찬미와 감사를 드립니다.

추모시를 써 주시고 출판 준비부터 함께하신 오수록 프란치스코 수사님, 시를 모아 보내주신 서기원 바오로 신부님께 고마움을 전합니다. 또 원고를 읽고 좋은 의견을 준 출판 준비 모임 멤버인 대학 동기 장기순, 김영희와 신문사 후배 남혜윤 님, 그리고 작은 누나 김해숙 이레네에게도 감사 인사 올립니다. 타우 십자가 작품을 시집에 사용할 수 있게 허락한 화가 송정애 글라라, 사진을 찍어주신 이순희 미카엘라 님과 프란치스코출판사에도 고마움을 전합니다. 그리고 재속프란치스코 아씨시 형제회 입회 동기와 영성학교 동기를 비롯한 형제자매들과 마지막으로 첼리나의 생의 끝자락을 기쁨으로 함께한 아씨시 형제회 회원들에게 감사드립니다.

2024년 5월 성모 성월 아침에
김경곤 프란치스코